Hugo erklärt die Piktogramme:

Erklärung für die Farbunterlegungen des Inhaltsverzeichnisses

Inhalte aus den Kompetenzbereichen „Richtig schreiben" sowie „Sprache und Sprachgebrauch untersuchen"

Inhalte aus dem Kompetenzbereich „Texte verfassen"

Miteinander lernen

Satzarten

Aussagesatz:	Am Satzanfang schreibe ich immer groß. Am Satzende mache ich einen Punkt (.).

1 Lies und schreibe die Sätze ab.

Ole putzt die Tafel.

Hugo hilft ihm.

Ole

2 Markiere jeweils Satzanfang und Satzende.

Fragesatz:	Am Satzanfang schreibe ich immer groß. Am Satzende setze ich ein Fragezeichen (?).

3 Lies und schreibe die Sätze ab.

Wer putzt die Tafel?

Was macht Hugo?

4 Markiere jeweils Satzanfang und Satzende.

→ SB S. 10 → AH S. 8

Ausrufesatz und Aufforderungssatz:
Am Satzanfang schreibe ich immer groß.
Am Satzende setze ich ein Ausrufezeichen (!).

1 Lies und schreibe die Sätze ab.

Putz die Tafel!

Super!

2 Markiere jeweils Satzanfang und Satzende.

3 Lies die Sätze.
Schreibe am Satzende die richtigen Satzschlusszeichen.

Ole putzt die Tafel ☐

Wer putzt die Tafel ☐

Putz die Tafel ☐

Toll ☐

4 Markiere jeweils den Satzanfang.

Nomen

Nomen (Namenwörter) schreibe ich immer groß.
Ich kann sie an ihrem **Artikel** (Begleiter) erkennen:
der Brief, **die** Blume, **das** Regal.

Nomen können in der **Einzahl** und in der **Mehrzahl** stehen:
eine Blume, viele Blumen.

1 Lies die Sätze. Markiere alle sechs Nomen.

Timo gießt die Blumen.

Ole teilt die Briefe aus.

Niko füttert die Hasen.

2 Kreise das Nomen ein, das in der Mehrzahl steht.

der Brief

das Regal

die Hasen

3 Schreibe alle Nomen aus Aufgabe 2 in der Einzahl auf.

 der

 das

 der

→ SB S. 11 → AH S. 9

Nomen für Gefühle Aa?

Wörter, die **Gefühle** benennen, sind auch **Nomen** (Namenwörter).
Nomen schreibe ich immer groß. Ich erkenne sie am Artikel.

1 Schau dir die Bilder an. Lies die Sätze.

Hugo zittert vor **Angst**.

Hugo lacht vor **Freude**.

Hugo strahlt vor **Glück**.

Hugo kocht vor **Wut**.

2 Verbinde jedes Nomen mit dem richtigen Bild.

die Angst

die Freude

das Glück

die Wut

→ SB S. 13 → AH S. 11

Zusammengesetzte Nomen

Zusammengesetzte Nomen setzen sich aus einem Bestimmungswort und einem Grundwort zusammen:

die Schule + die Tür → die Schultür

Manchmal muss ich nach dem ersten Nomen einen Buchstaben weglassen.

1 Bilde zusammengesetzte Nomen. Schreibe sie darunter.

die Schule + das Heft → das Schulheft

das

die Schule + die Tasche → die Schul ?

die Schule + die Klingel → die Schul ?

→ SB S. 14 → AH S. 12

Wörter nach dem Alphabet ordnen

Ich ordne Wörter nach den Anfangsbuchstaben.
Sind diese gleich, ordne ich sie nach dem zweiten Buchstaben.

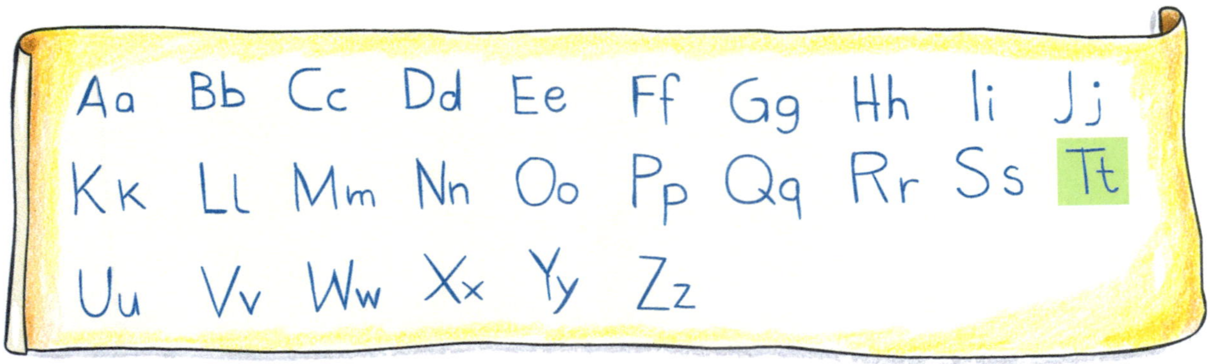

1 Markiere die Anfangsbuchstaben der Wörter grün.

Tafel   Affe   Haus

2 Suche die markierten Buchstaben aus Aufgabe 1 im Alphabet oben.
Markiere sie dort auch grün.

3 Schreibe die Wörter aus Aufgabe 1 nach dem Alphabet geordnet auf.

4 Hier ist der erste Buchstabe immer gleich.
Markiere den jeweils zweiten Buchstaben der Wörter blau.

Korb   Kerze   Kleid

5 Suche diese Buchstaben im Alphabet oben. Markiere sie dort blau.

6 Schreibe die Wörter nach dem Alphabet geordnet auf.

→ SB S. 15 → AH S. 13

Verben: Grundform/Personalform

Verben (Tunwörter) sind Wörter, die sagen, was ich machen oder tun kann.
Verben verändern sich, wenn ich sage, wer etwas macht oder tut:

Grundform: lachen

Personalformen: ich lache — du lachst — wir lachen

1 Lies die Wortkarten. Was hat sich verändert? Erzähle.

schwimmen

ich schwimme — du schwimmst — wir schwimmen

2 Schreibe das Verb **schwimmen** in der richtigen Personalform auf.

ich schwi

du

wir

→ SB S. 22 → AH S. 16

1 Lies und verbinde die Wörter richtig.

spielen

ich	spielen
du	spiele
wir	spielst

2 Lies und verbinde die Wörter richtig.

werfen

ich	werfen
du	werfe
wir	wirfst

3 Schreibe das Verb **werfen** in der richtigen Personalform auf.

ich ______

du ______

wir ______

4 Markiere, was sich am Ende des Verbs geändert hat.

Es gibt auch die Personalformen: er/sie/es

Grundform: lachen

Personalformen: er lacht | sie lacht | es lacht

1 Schau dir die Bilder an. Wer macht was? Verbinde richtig.

er	schläft
sie	spielt
es	schreibt

2 Was fällt dir am Ende der Verben in Aufgabe 1 auf? Erzähle.

3 Schreibe die Personalformen aus Aufgabe 1 auf.

er spielt

4 Markiere immer das Ende des Verbs.

→ SB S. 22 → AH S. 16

1 Was gehört zusammen? Verbinde.

ich	spielen
du	schreibt
er/sie/es	werfe
wir	schwimmst

2 Schreibe die richtigen Personalformen auf. Die Wortkarten helfen dir.

rufe | rufen | rufst | ruft | ruft | ruft

ich		er	
du		sie	
wir		es	

3 Schreibe die richtigen Personalformen auf.

reiten

ich		er	
du		sie	
wir		es	

Wortbausteine ver- und vor-

Die **Vorsilben ver-** und **vor-** verändern die Bedeutung eines Verbs:
lesen – **ver**lesen – **vor**lesen.

1 Lies. Schreibe die Verben mit den Vorsilben **ver-** und **vor-** auf.

singen

versingen

vors

spielen

ver

vor

schreiben

ver

tragen

2 Markiere die Vorsilben **ver-** und **vor-**.

→ SB S. 23

Nach kurzem Selbstlaut: ck

Höre ich nach einem kurz gesprochenen Selbstlaut ein **k**, dann schreibe ich meist **ck**: die Socke, schmecken.

1 Lies die Wörter. Markiere **ck**.

Socken	Locken	Fleck	Dreck
	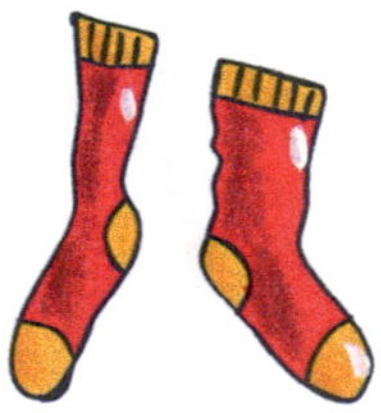		

2 Verbinde Wort und Bild richtig.

3 Lies den Text. Markiere alle Wörter mit **ck**.

Die Zunge  brauchen wir, um zu schmecken.

Wir lecken am Eis . Sehr lecker!

Das Eis ist süß wie Zucker.

4 Schreibe die Wörter mit **ck** aus Aufgabe 3 auf.

→ SB S. 30 → AH S. 21

Du und ich und wir

Nach langem Selbstlaut: Dehnungs-h (M)

Ein **Dehnungs-h** steht meist nach einem lang gesprochenen Selbstlaut (a, e, i, o, u) sowie vor den Mitlauten **l**, **m**, **n** und **r** :

die Zahlen fahren

1 Lies.
Markiere die lang gesprochenen Selbstlaute (a, o, u) mit einem __ .

Kohl	Hahn	Uhr	Bahn

2 Markiere **l**, **n** und **r**.

3 Finde alle Wörter mit einem Dehnungs-h. Kreise sie ein.

Hand	Lehrer	Stuhl
Lehm	Ohr	Kind
Ball	Huhn	Haus

4 Markiere die lang gesprochenen Selbstlaute mit einem __ .
Markiere die Mitlaute **l**, **m**, **n** und **r**.

→ SB S. 40

Lang gesprochenes i: ih oder i? (M)

Handelt es sich um einen **Ort**, schreibe ich **in** und **im**.

Wo? → **im** Klassenzimmer, **in** der Schule

1. Lies den Text. Markiere die Wortgruppen mit **im** und **in**.

Wir lernen in der Schule.
Wir lesen viel in den Büchern.
Im Heft üben wir schreiben.

Handelt es sich um **Personen** oder **Tiere**, schreibe ich **ihm**, **ihn**, **ihr** und **ihre** mit dem **Dehnungs-h**.

Wem gefällt das? → **ihr**, **ihm**   Wen meinst du? → **ihn**, **ihre**

2. Lies den Text. Markiere **ihm, ihn, ihr** und **ihre**.

Ihr Heft ist sauber. Ihm gefällt das sehr.
Ihre Schrift ist schön. Sie lobt ihn.

3. Setze die Wörter richtig ein.

in   ihm   ihr

Wir gehen _______ die Schule.

Sie übt mit _______.

Er sagt danke zu _______.

→ SB S. 41   → AH S. 25

Verben in der Gegenwart und in der Vergangenheit

Verben geben an, in welcher **Zeit** etwas geschieht.

Passiert es gerade jetzt, steht das Verb in der Gegenwart.
Ist es schon passiert, steht das Verb in der Vergangenheit.

Gegenwart (jetzt): ich schreibe   Vergangenheit: ich schrieb

1 Lies die Wörter.

Gegenwart (jetzt)	Vergangenheit
sie steht	sie stand
sie kommt	sie kam

2 Lies den Text.

Anna stand vor der Tür.

Sie kam zu spät.

3 In welcher Zeitform steht der Text aus Aufgabe 2?
Kreuze an.

Gegenwart (jetzt) ☐   Vergangenheit ☐

4 Schreibe die fehlenden Verben in der Gegenwart auf.
Die Tabelle aus Aufgabe 1 hilft dir.

Anna ______________ vor der Tür.

Sie ______________ zu spät.

→ SB S. 42 → AH S. 26

1 Markiere die Verben in der Gegenwart und in der Vergangenheit.

ich warf

ich tanze

ich sang

ich lache

2 Schreibe die Verben aus Aufgabe 1 richtig in die Tabelle.

	Gegenwart	Vergangenheit
werfen 	ich werfe	ich
singen 	ich	ich
lachen 	ich	ich
tanzen 	ich	ich

3 Ergänze die fehlenden Formen in der Tabelle.

Stichwörter

Ein **Stichwort** ist ein **Wort** oder eine **Wortgruppe**. Es ist **kein Satz**.
Stichwörter fassen die wichtigsten Informationen zusammen.

1 Lies die Zettel. Welcher ist ein Stichwortzettel? Kreuze an.

Schule früher

- *50 Kinder in einem Raum*
- *enge Bänke*
- *alte Schrift*
- *strenge Lehrerin*

☐

Schule früher

Früher wurden 50 Kinder in einem Raum unterrichtet. Sie saßen in engen Bänken. Sie schrieben eine alte Schrift. Sie hatten eine sehr strenge Lehrerin.

☐

2 Lies den Stichwortzettel links und den Text rechts.
Finde die Stichwörter von links im Text rechts. Markiere sie.

Schule früher

- *50 Kinder in einem Raum*
- *enge Bänke*
- *alte Schrift*
- *strenge Lehrerin*

→

Schule früher

Früher wurden 50 Kinder in einem Raum unterrichtet. Sie saßen in engen Bänken. Sie schrieben eine alte Schrift. Sie hatten eine sehr strenge Lehrerin.

→ SB S. 45 → AH S. 28

1 Markiere alle sechs Nomen im Stichwortzettel.

Schule früher

- *50 Kinder in einem Raum*
- *enge Bänke*
- *alte Schrift*
- *strenge Lehrerin*

Nomen erkenne ich an ihrem Artikel. Sie werden großgeschrieben.

2 Schreibe die fehlenden Nomen in den Stichwortzettel.

Schule	Kinder	Raum
Schrift	Bänke	Lehrerin

_______ früher

- 50 _______ in einem _______
- enge _______
- alte _______
- strenge _______

Traumhaft und fantasievoll

Wörtliche Rede

Was jemand sagt, heißt wörtliche Rede.
Sie steht zwischen **Anführungszeichen** „“.
Der Begleitsatz sagt mir, wer spricht.
Am Ende des Begleitsatzes steht ein **Doppelpunkt** :.

1 Lies. Markiere den Begleitsatz orange.
Markiere die wörtliche Rede grün.

Der Esel klagt: „Ich kann das nicht mehr tragen.“

Der Hund jammert: „Ich bin alt und schwach.“

Die Katze weint: „Die Frau will mich loswerden.“

Der Hahn schreit: „Sie will mich in die Suppe werfen.“

2 Setze den Doppelpunkt und
die Anführungszeichen richtig ein.

Der Esel klagt Ich kann das nicht mehr tragen.

Der Hund jammert Ich bin alt und schwach.

Die Katze weint Die Frau will mich loswerden.

Der Hahn schreit Sie will mich in die Suppe werfen.

→ SB S. 54 → AH S. 32

1 Verbinde Begleitsatz und wörtliche Rede richtig.

Der Hund jammert:	„Ich kann das nicht mehr tragen.“
Die Katze weint:	„Sie will mich in die Suppe werfen.“
Der Esel klagt:	„Ich bin alt und schwach.“
Der Hahn schreit:	„Die Frau will mich loswerden.“

2 Schreibe zwei Sätze aus Aufgabe 1 auf. Achte auf den Doppelpunkt und auf die Anführungszeichen.

Adjektive

Adjektive (Wiewörter) beschreiben, wie etwas ist oder aussieht:

Die Tiere sind **alt**. Der Hahn ist **bunt**.

1 Markiere alle Adjektive.

Der Esel ist grau.

Die Katze ist weiß.

Der Hahn ist bunt.

Der Hund ist alt und schwach.

2 Schreibe die Adjektive aus Aufgabe 1 auf.

Wenn Adjektive vor Nomen stehen, verändert sich ihre **Endung**:

Die Tiere sind alt. → die alt**en** Tiere

3 Setze die Adjektive richtig ein.
Achte auf die Endungen.

Der Esel ist grau. → der ______ Esel

Die Katze ist weiß. → die ______ Katze

Der Hahn ist bunt. → der ______ Hahn

→ SB S. 55

Mit Adjektiven vergleichen

Mit Adjektiven kann ich vergleichen.
Ist etwas gleich, vergleiche ich es mit den Wörtern so ... wie.
Ist etwas unterschiedlich, vergleiche ich es mit dem Wort als:

Hugo ist so alt wie Niko.

Niko ist größer als Hugo.

1 Lies die Sätze. Markiere die Wörter so ... wie und als.

Ali ist so stark wie Marek.

Lotte ist fröhlicher als Timo.

Emma ist so schnell wie Ole.

2 Setze die Wörter **so ... wie** und **als** richtig in die Sätze ein.

Ali ist ________ stark ________ Marek.

Niko ist größer ________ Hugo.

Lotte ist fröhlicher ________ Timo.

Emma ist ________ schnell ________ Ole.

→ SB S. 57 → AH S. 34

Verlängern

Wenn ich nicht weiß, ob ein Wort mit **b** oder **p**, **d** oder **t**, **g** oder **k** endet, verlängere ich es.
Adjektive kann ich mit Hilfe einer Wortgruppe **verlängern**:
wil**?** → ein wil**d**es Tier → wil**d**.

1 Setze **b/d/g** richtig ein.

der liebe Zwerg → lieb

der wil___e Drache → wil___

die winzi___e Elfe → winzi___

2 Setze **p/t/k** richtig ein.

der kran___e König → kran___

das har___e Brot → har___

der al___e Esel → al___

3 Schreibe die fehlenden Adjektive in die Sätze.

Der Zwerg ist l____________________.

Der Drache ist w____________________.

Das Brot ist h____________________.

Der König ist k____________________.

→ SB S. 59 → AH S. 35

Märchenfiguren beschreiben

1 Lies die Beschreibung.
Male den Kater wie in der Beschreibung an.

Name: Gestiefelter Kater

Körper: schwarzes Fell

Kopf: grüne Augen

Kleidung: rote Stiefel,
brauner Hut,
gelbe Feder

2 Lies die Beschreibung.
Male die Märchenfigur wie in der Beschreibung an.

Name: Schneewittchen

Kopf: rote Lippen,
schwarze Haare,
braune Augen

Kleidung: rote Bluse,
gelber Rock

3 Wie heißt die Märchenfigur aus Aufgabe 2? Schreibe auf.

Wörter mit ie und i

Wörter mit lang gesprochenem **i** werden meist mit **ie** geschrieben:

 die Biene → lang gesprochenes **i**

 die Spinne → kurz gesprochenes **i**

1 Lies. Markiere alle Wörter mit **ie**.

Die Bienen leben in einem Bienenvolk.
Sie fliegen auf der Wiese von Blüte zu Blüte.
Sie haben eine Königin.
Bienen riechen mit ihren Fühlern.
Der Imker liebt seine Bienen.

Es sind elf Wörter.

2 Sprich die Wörter deutlich. Setze **i** oder **ie** richtig ein.

 die B___ne

 der ___mker

 l___ben

 die W___se

→ SB S. 70 → AH S. 42

Wörter mit h am Silbenanfang

Treffen zwei Silben mit zwei Selbstlauten (a, e, i, o, u) aufeinander, schreibe ich meist ein **h** dazwischen. Das **h** kann ich hören:

sehen, wehen, fliehen, drohen.

1 Setze die Silben zu Verben zusammen.

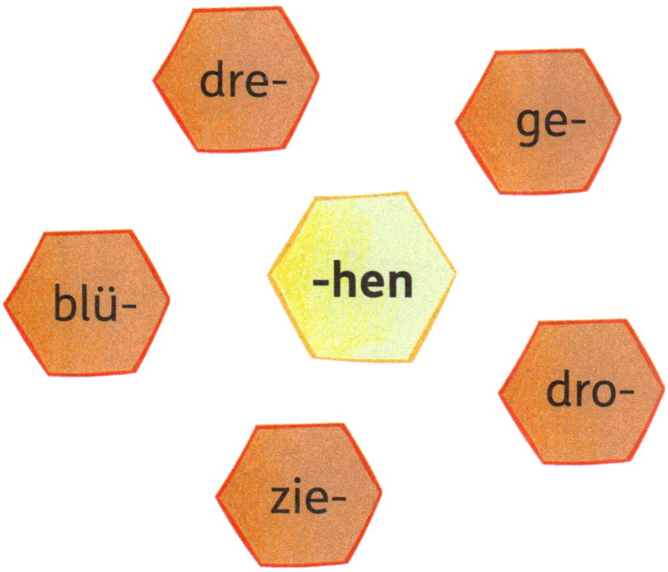

2 Schreibe die Verben aus Aufgabe 1 auf.

drehen

3 Markiere das **h** in den Wörtern.

4 Zeichne die Silbenbögen unter die Wörter.

→ SB S. 71 → AH S. 43

Ableiten: Wörter mit ä und äu

1 Schau das Bild an.
Beschrifte die fehlenden Pflanzenteile.

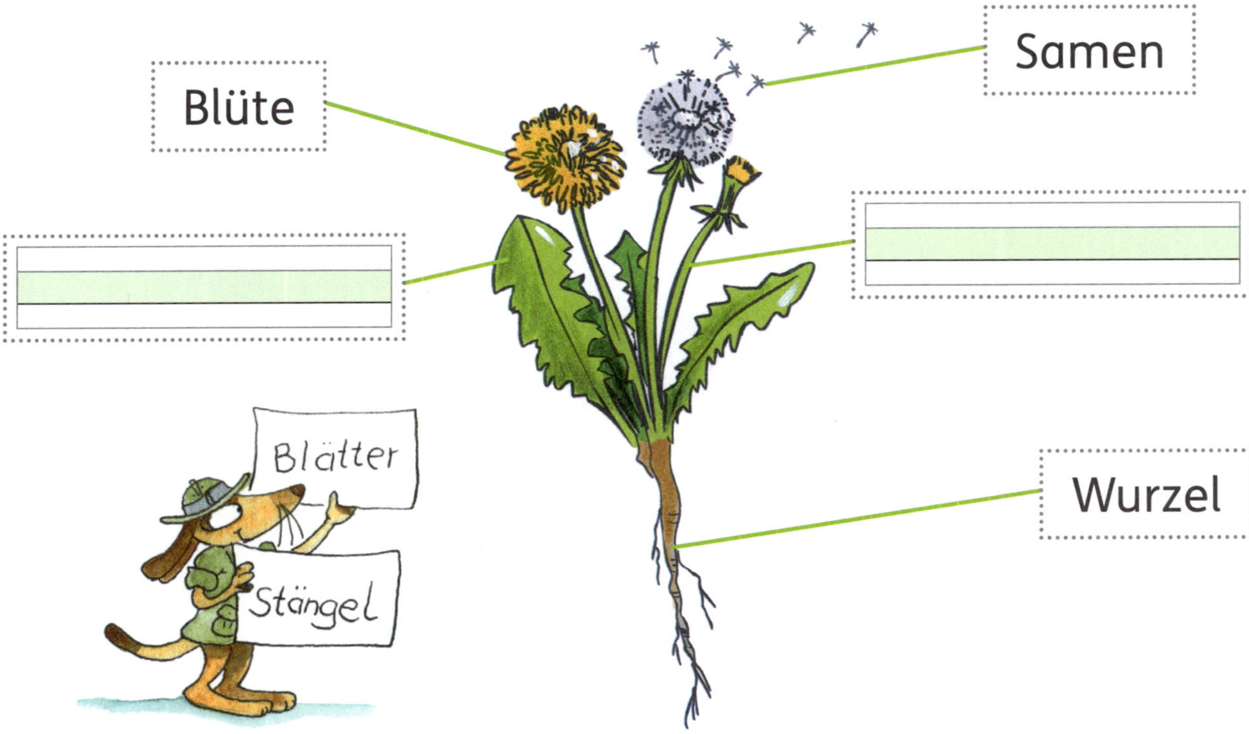

2 Lies den Text. Markiere alle Wörter mit **ä**.

Der Löwenzahn wächst fast überall:
in Gärten und auf Wiesen.
Seine Blütenblätter sind gelb.
Der Wind bläst die Samen fort.

3 Setze **a** oder **ä** richtig ein.

w___chsen → er w___chst

der G___rten → die G___rten

das Blütenbl___tt → die Blütenbl___tter

bl___sen → er bl___st

→ SB S. 72/73 → AH S. 44

Die meisten Wörter mit **ä** und **äu** kann ich von verwandten Wörtern mit **a** und **au ableiten:**
w**a**rm → w**ä**rmer, Str**au**ch → Str**äu**cher.

1 Welche verwandten Wörter gehören zusammen? Verbinde.

Zaun	Pflänzchen
Ast	Zäune
Pflanze	säubern
Schaf	Äste
sauber	Schäfer

2 Schreibe das verwandte Wort aus Aufgabe 1 daneben.

Zaun ____________________

Schaf ____________________

sauber ____________________

3 Markiere **a/ä** und **au/äu** in den Wörtern.

Pronomen für Nomen

Nomen kann ich durch die Pronomen **er/sie/es** ersetzen:
der Forscher → er; die Forscherin → sie; das Tier → es.

1 Lies die Wörter. Setze die Pronomen **er**, **sie** oder **es** richtig ein.

der Schmetterling ↓ ______

die Raupe ↓ ______

das Weibchen ↓ ______

2 Setze die Pronomen **er**, **sie** oder **es** richtig ein.

Sinan ist Emmas Freund.
↓
______ ist Emmas Freund.

Emma fotografiert viel.
↓
______ fotografiert viel.

Ein Foto schenkt Emma Sinan.
↓
Ein Foto schenkt ______ Sinan.

Sinan findet das Foto toll.
↓
Sinan findet ______ toll.

→ SB S. 76 → AH S. 46

Einen Sachtext schreiben

Ein **Sachtext** informiert den Leser über ein Thema.
Er enthält eine **Überschrift**, die das Thema nennt.
Der Text wird in **Abschnitte** geteilt. Es gibt **Zwischenüberschriften**.

1 Lies. Welcher Text ist ein Sachtext? Kreuze ihn an.

Der Grashüpfer

Der Grashüpfer gehört zu den Feldheuschrecken.

Aussehen
Er ist 25 mm lang.
Er sieht grün bis braun aus.

Lebensraum
Er lebt in Wiesen.

☐

Der schöne Grashüpfer

Ich habe einen Grashüpfer gesehen.
Er war so 25 mm groß.
Er war so grün wie ein Frosch.
Ich weiß nicht, wo er lebt.

☐

2 Schreibe den Sachtext fertig.

Der Sachtext in Aufgabe 1 hilft dir.

Der Grashüpfer

Der Grashüpfer gehört zu den Feldheuschrecken.

Aussehen

Er ist ______ mm lang.

Er sieht g______ bis b______ aus.

Lebensraum

Er l______ in W______.

Bei uns und anderswo

Merkwörter mit aa und ee (M)

1 Lies. Markiere alle Wörter mit **ee**.

Sind Kaffee und Tee giftig?

Ein König aus Schweden ließ das testen. Zwei Männer mussten sehr viele Kaffeekannen und Teekannen leertrinken. Doch der Kaffeetrinker und der Teetrinker überlebten den König.

Es sind sieben Wörter.

Ein **Paar** sind zwei zusammengehörende Menschen oder Dinge.
Ein **paar** sind mehrere Menschen oder Dinge.

Ich sortiere ein **paar** Socken.

Ich habe ein **Paar** Socken.

2 Setze **Paar** oder **paar** richtig ein.

ein ______ Socken suchen 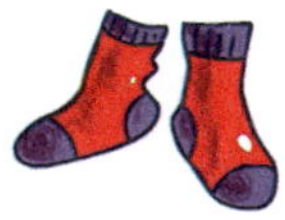

ein ______ Nudeln essen 

ein ______ Schuhe kaufen 

ein ______ Kekse naschen 

→ SB S. 89 → AH S. 53

Subjekt

Das Subjekt (Satzgegenstand) ist meistens ein Mensch, ein Ding oder ein Tier.
Das Subjekt erfrage ich mit: Wer oder was tut etwas?

Anne liest ein Buch. → Wer oder was liest ein Buch? → Anne
Das Buch ist spannend. → Wer oder was ist spannend? → das Buch

1 Lies die Sätze. Erfrage und markiere jeweils das Subjekt.

Timo lernt ein Gedicht. — *Wer oder was lernt ein Gedicht?*

Mila malt eine Rose. — *Wer oder was malt eine Rose?*

Das Buch liegt auf dem Tisch. — *Wer oder was liegt auf dem Tisch?*

Das Schaf läuft auf der Wiese. — *Wer oder was läuft auf der Wiese?*

2 Erfrage die Subjekte. Ergänze die Fragen darunter.

Hugo singt ein Lied.

______________ singt ein Lied?

Das Bild hängt schief.

______________ hängt schief?

3 Markiere die Subjekte in Aufgabe 2.

Prädikat

Das Prädikat (Satzaussage) ist immer ein Verb.
Das Prädikat erfrage ich mit: Was tut jemand? Was geschieht?

Anne **liest** ein Buch. → Was tut Anne? → liest

1 Lies die Sätze. Erfrage und markiere jeweils das Prädikat.

Timo **lernt** ein Gedicht.

Was tut Timo?

Mila **malt** eine Rose.

Was tut Mila?

Das Buch liegt auf dem Tisch.

Was tut das Buch?

Das Schaf läuft auf der Wiese.

Was tut das Schaf?

2 Erfrage die Prädikate. Ergänze die Fragen darunter.

Hugo singt ein Lied.

____________________ Hugo?

Das Bild hängt schief.

____________________ das Bild?

3 Markiere die Prädikate in Aufgabe 2.

→ SB S. 90 → AH S. 54

Subjekt und Prädikat

1 Lies.
Erfrage und markiere das Subjekt.
Erfrage und markiere das Prädikat.

Ein Buch liegt auf dem Tisch.

Ein Schaf läuft auf der Wiese.

Mila malt eine Rose.

Timo lernt ein Gedicht.

2 Lies.
Erfrage und markiere das Subjekt.
Erfrage und markiere das Prädikat.

Ole spielt auf dem Klavier.

Die Kinder lernen in der Schule.

Hugo hilft uns beim Lernen.

3 Bilde aus den Wortkarten einen Satz. Schreibe ihn auf.

auf der Weide.	Eine Kuh	läuft

4 Erfrage und markiere das Subjekt und das Prädikat in Aufgabe 3.

Eine Bildergeschichte schreiben

1 Was passiert auf den Bildern? Erzähle.

1

Franz läuft mit Bello durch Paris.

Bello läuft weg.

2

3

Franz fragt nach Bello.

Bello sitzt am Hotdog-Stand.

4

2 Verbinde Bild und Satz richtig.

So schreibe ich eine **Bildergeschichte**:
- Ich schaue mir die Bilder an.
- Ich beantworte die Fragen: **Wer? Wo? Was?**
- Ich gebe den Personen und Tieren Namen.

 → SB S. 94 → AH S. 56/57

1 Lies.
Verbinde die Fragen mit den richtigen Antworten.

Wer läuft durch Paris?	durch Paris
Wo laufen Franz und Bello?	sitzt am Hotdog-Stand
Was macht Bello?	läuft weg
	Franz und Bello

2 Setze die fehlenden Wörter ein.

läuft	Franz	sitzt am	mit Bello

Franz und Bello

Franz läuft ______ durch Paris.

Bello ______ weg.

______ fragt nach Bello.

Bello ______ Hotdog-Stand.

Unsere Erde, unser Zuhause

Zusammengesetzte Nomen

1 Lies, wie der Wasserkreislauf funktioniert.

- 1. Regen fällt
- 2. Regen geht in den Boden
- 3. Grundwasser steigt
- 4. Quellwasser kommt aus dem Erdboden
- 5. Bach entsteht
- 6. Wasser fließt ins Meer
- 7. Meerwasser verdunstet
- 8. Regenwolken bilden sich

- der Grund + das Wasser
- das Meer + das Wasser
- die Erde + der Boden
- die Quelle + das Wasser

2 Suche diese zusammengesetzten Nomen in Aufgabe 1. Markiere sie.

das Grundwasser | das Quellwasser | der Erdboden | das Meerwasser

3 Welche Wörter gehören in Aufgabe 1 zusammen? Verbinde.

→ SB S. 102

Gegenteilige Adjektive mit un-

Von vielen **Adjektiven** kann ich mit der Vorsilbe **un-** das **Gegenteil** bilden.
Adjektive schreibe ich klein:

glücklich + **un-** → **un**glücklich

1. Setze die Vorsilbe **un-** vor die Wörter.

un	pünktlich
	ruhig
	zufrieden
	glücklich

2. Lies den Text.

Ole und Benni gehen zum Angeln.

Ole ist ______pünktlich.

Beide sitzen ______ruhig am Ufer.

Es zappelt: Ein Fisch!

Sie grillen ihn ______zufrieden.

Beide sind ______glücklich.

3. Schreibe die Vorsilbe **un-** vor die markierten Wörter in Aufgabe 2.
Lies den Text noch einmal.

Nach kurzem Selbstlaut: ss

Höre ich nach einem kurz gesprochenem Selbstlaut (a, e, i, o, u) nur einen Mitlaut, dann wird dieser meist verdoppelt:
der Fluss – die Flüsse.

1 Lies den Brief. Markiere alle Wörter mit **ss**.

Liebe Oma,

hier ist es toll. Es gibt viele Flüsse. Ich fiel beim Kanufahren ins Wasser und war ganz nass.
Ole angelt. Die Fische essen wir am Lagerfeuer.
Ich werde morgen mein Boot schwimmen lassen.
Viele Grüße
deine Mila

2 Markiere die kurzen Selbstlaute vor dem **ss** mit einem Punkt (**.**).

messen | lassen | vergessen

passen | fressen | wissen

3 Schreibe die Wörter aus Aufgabe 2 ab.
Markiere jeweils **ss**.

→ SB S. 104 → AH S. 60

Merkwörter mit Qu/qu (M)

1 Lies die Wörter.
Markiere **Qu** und **qu**
in den Wörtern.

2 Markiere **Qu** und **qu** in der Wörterschlange.

3 Setze die Wörter richtig ein.

quaken | Kaulquappen | quer

Frösche können laut ______________________.

Ihre Kinder heißen ______________________.

Sie schwimmen kreuz und ______________________.

Anredepronomen

Nicht vertraute Personen rede ich mit: **Sie, Ihr, Ihre, Ihnen, ...** an.
Diese **Anredepronomen** schreibe ich immer **groß**.

1 Lies die E-Mail. Markiere alle Anredepronomen.

Von: klasse3a@grundschule.de

Betreff: Neues Wohngebiet

Sehr geehrter Herr Bürgermeister,

Sie wollen Häuser am Teich bauen.
Wir möchten die Tiere dort schützen.
Wir finden Ihre Idee nicht gut.
Bitte denken Sie noch einmal darüber nach.
Danke!

Ihre Klasse 3a

2 Setze die Anredepronomen **Sie** und **Ihr** richtig ein.

Sehr geehrter Herr Bürgermeister,

wollen ________ wirklich am Teich Häuser bauen?

Denken ________ bitte noch einmal darüber nach.

Ich möchte die Tiere dort schützen.

________ Sinan

→ SB S. 111 → AH S. 66

Vertraute Personen rede ich mit **du, dir, deine, ...** an.
Diese **Anredepronomen** schreibe ich immer **klein**.

1 Lies die E-Mail. Markiere alle Anredepronomen.

Von: klasse3a@grundschule.de
Betreff: E-Mail an den Bürgermeister
Liebe Merit, schade, dass du krank bist. Wir haben dem Bürgermeister geschrieben. Hast du noch eine Idee, wie wir den Teich retten können? Viele Grüße dein Sinan

Es sind drei Anredepronomen.

2 Setze die Anredepronomen **du**, **dir** und **dein** richtig ein.

Liebe Merit,

ich habe auch noch einen Brief geschrieben.

Was sagst ______ dazu?

Gefällt er ______?

Viele Grüße

______ Sinan

Bücherwurm und Computermaus

Oberbegriffe

1 Welches Wort gehört nicht dazu? Kreuze es an.

Malbücher	☐

Kochbücher	☐

Bücher

Bilderbücher	☐

Zeitungen	☐

Ein **Oberbegriff** fasst Wörter mit gemeinsamer Bedeutung zusammen:
Obst: Äpfel, Bananen, Birnen, ...

2 Wie heißt der Oberbegriff?
Kreuze die Antwort an.

Zahlen	☐
Farben	☐

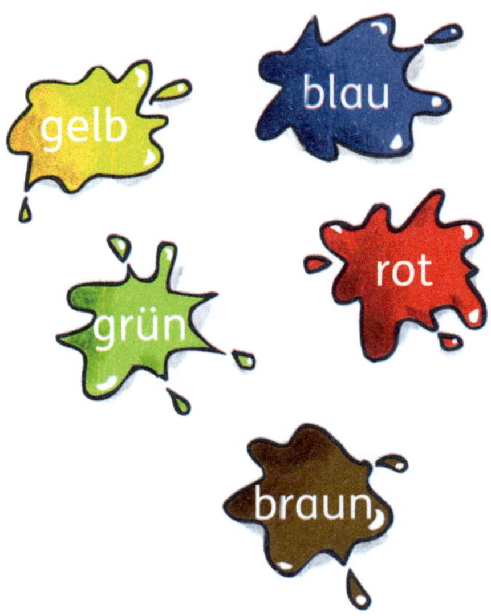

→ SB S. 118 → AH S. 68

1 Markiere alle Getränke blau.
Markiere alle Schulsachen grün.

Es sind jeweils drei Wörter.

Getränke

Schulsachen

Tee

Füller

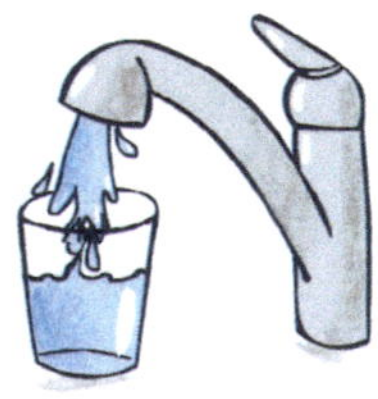

Wasser

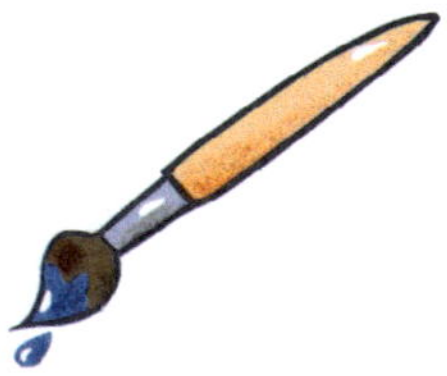

Pinsel

Heft

Saft

2 Schreibe die Wörter aus Aufgabe 1 richtig in die Tabelle.

Getränke	Schulsachen

Ein Tagebuch schreiben

Das schreibe ich in ein **Tagebuch**:
- das Datum,
- was heute passiert ist (was mich gefreut oder geärgert hat),
- meine Unterschrift.

1 Lies. Markiere das Datum und die Unterschrift.

2 Schreibe einen eigenen Tagebucheintrag.
Der Text in Aufgabe 1 hilft dir.

______

Liebes Tagebuch,

heute hatten wir ______.

Ich ______ gern.

Das hat mir ______ gemacht.

______

→ SB S. 122

Ein Lesetagebuch schreiben

Das kann ich in mein **Lesetagebuch** schreiben:
- das Datum, an dem ich zu lesen begonnen habe,
- Buchtitel, Autor und Seitenzahl,
- kurz etwas zum Inhalt,
- das Datum, an dem ich das Buch fertiggelesen habe.

1 Lies.
Markiere den Titel und die Autorin des Buches.

Buch angefangen: *12.04.2014*

Titel: *Ostwind*

Autorin: *Carola Wimmer*

Seitenzahl: *155*

Mika schließt mit dem Pferd Ostwind Freundschaft.

Buch ausgelesen: *01.05.2014*

2 Wie heißt dein Lieblingsbuch? Schreibe auf.

Titel:

3 Wer hat dein Lieblingsbuch geschrieben? Schreibe auf.

Autor:

→ SB S. 123

Verlängern: b/d/g am Wortende

Wenn ich nicht weiß, ob ein Wort mit **b** oder **p**, **d** oder **t**, **g** oder **k** endet, verlängere ich es:

ein Kor? → viele Körbe → ein Korb.
gesun? → gesünder → gesund.

1 Schreibe die Nomen in der Mehrzahl auf.

ein Korb – viele Körbe

ein Berg – viele

ein Rad – viele

ein Sieb – viele

2 Markiere **b/d/g** in den Nomen.

3 Verlängere die Adjektive.

rund – runder

lieb –

klug –

bunt –

4 Markiere **b/d/g** in den Adjektiven.

→ SB S. 128 → AH S. 72

1 Setze die Buchstaben richtig ein.

Verlängere die Wörter.
Schreibe dann
den Buchstaben.

b oder **p**?

das Kal___	der Die___	lie___

d oder **t**?

das Zel___	das Hem___	wüten___

g oder **k**?

der Zu___	der Zwer___	kran___

2 Lies.
Setze **b**/**d**/**g** oder **t** richtig ein.

Verlängere erst.
Schreibe dann
den Buchstaben.

Der Elefan___ wohnt

hinter einem Ber___.

Der Elefan___ trötet wüten___

und läuft in den Wal___.

Halloween: Bildergeschichte

1 Schau dir die Bildergeschichte an. Lies die Sätze.
Welches Bild gehört zu welchem Satz?
Verbinde.

Hugo erkennt Niko. Niko nimmt ihn in den Arm.

Hugo schnitzt einen Kürbis.

Niko geht zu Hugo. Hugo erschrickt.

Sie gehen die anderen erschrecken.

→ SB S. 135

1 Schreibe die richtigen Sätze zum Bild.

Hugo schnitzt einen Kürbis.	Niko geht zu Hugo. Hugo erschrickt.	Hugo erkennt Niko. Niko nimmt ihn in den Arm.	Sie gehen die anderen erschrecken.

Hugo

Niko

Hugo erkennt

Frühling: Geschichten schreiben

1 Schau das Bild an. Wer tut was? Erzähle.

2 Schreibe die Geschichte zum Bild aus Aufgabe 1 fertig.

Fußball 	Schaukel 
Eis 	Kreide 

Die Wortkarten helfen dir.

Frühling

Niko und Ole essen ______________________.

Eine ______________________ hängt am Baum.

Ali und Marek spielen ______________________.

Merit malt mit ______________________ ein Bild.

Sommer: Einen Comic zeichnen

1 Schau dir den Comic an. Lies die Sprechblasen.

2 Male den Comic aus. Male das letzte Bild fertig.

Hugos Rechtschreibstrategien

Silben schwingen

In jeder Silbe steht mindestens ein Selbstlaut (a, e, i, o, u), Umlaut (ä, ö, ü) oder Zwielaut (au, ei, eu):
K**ä** s**e**, g**e** h**e**n, **Ei** **e**r.

Groß oder klein?

Nomen (Namenwörter) schreibe ich immer groß.
Ich kann sie an ihrem **Artikel** (Begleiter) erkennen:
der Brief, **die** Blume, **das** Regal.

Nomen können in der **Einzahl** und in der **Mehrzahl** stehen:
eine Blume, viele Blumen.

Am **Satzanfang** schreibe ich immer groß.

Verlängern

Wenn ich nicht weiß, ob ein Wort mit **b** oder **p**, **d** oder **t**, **g** oder **k** endet, **verlängere** ich es:

ein Kor?	→	viele Körbe	→	ein Korb.
gesun?	→	gesünder/gesundes Essen	→	gesund.
er ü?t	→	üben	→	er übt.

Ableiten

Die meisten Wörter mit **ä** und **äu** kann ich von verwandten Wörtern mit **a** und **au** **ableiten**:
w**a**rm → w**ä**rmer, Str**au**ch → Str**äu**cher.